I0813902

El movimiento

Grace Hansen

Abdo Kids Jumbo es una subdivisión de Abdo Kids
abdobooks.com

abdobooks.com

Published by Abdo Kids, a division of ABDO, P.O. Box 398166, Minneapolis, Minnesota 55439.

102018

012019

Spanish Translator: Maria Puchol

Photo Credits: iStock, Shutterstock

Production Contributors: Teddy Borth, Jennie Forsberg, Grace Hansen

Design Contributors: Dorothy Toth, Laura Mitchell

Library of Congress Control Number: 2018953941

Publisher's Cataloging-in-Publication Data

Names: Hansen, Grace, author.

Title: El movimiento / by Grace Hansen.

Other title: Motion

Description: Minneapolis, Minnesota : Abdo Kids, 2019 | Series: La ciencia básica | Includes online resources and index.

Identifiers: ISBN 9781532183911 (lib. bdg.) | ISBN 9781641857338 (pbk.) | ISBN 9781532184994 (ebook)

Subjects: LCSH: Force and energy--Juvenile literature. | Motion--Juvenile literature. | Spanish language materials--Juvenile literature.

Classification: DDC 531--dc23

Contenido

¿Qué es el movimiento?

Cuando un objeto cambia de posición está en movimiento. Hay tres leyes principales que explican el movimiento. Isaac Newton las explicó por primera vez en 1687.

Primera ley del movimiento

Para que la **velocidad** de un objeto cambie, una fuerza tiene que actuar sobre él. Una pelota que se deja en una superficie plana, permanecerá quieta. Al patearla se aplica una fuerza que cambia la velocidad de la pelota.

La **fricción** actúa sobre la pelota y la frena. El aire, el terreno y la red son ejemplos de fricción. Sin fricción la pelota continuaría en movimiento.

Segunda ley del movimiento

La cantidad de fuerza necesaria para **acelerar** un objeto depende de su **masa**.

La **masa** de una pelota de playa y la de una bola de boliche son diferentes. Se necesita mucha menos fuerza para mover la pelota de playa. La fuerza se mide en Newtons (N).

Fuerza necesaria para acelerar cada pelota a 1.5 m/s^2

Fuerza = masa x aceleración

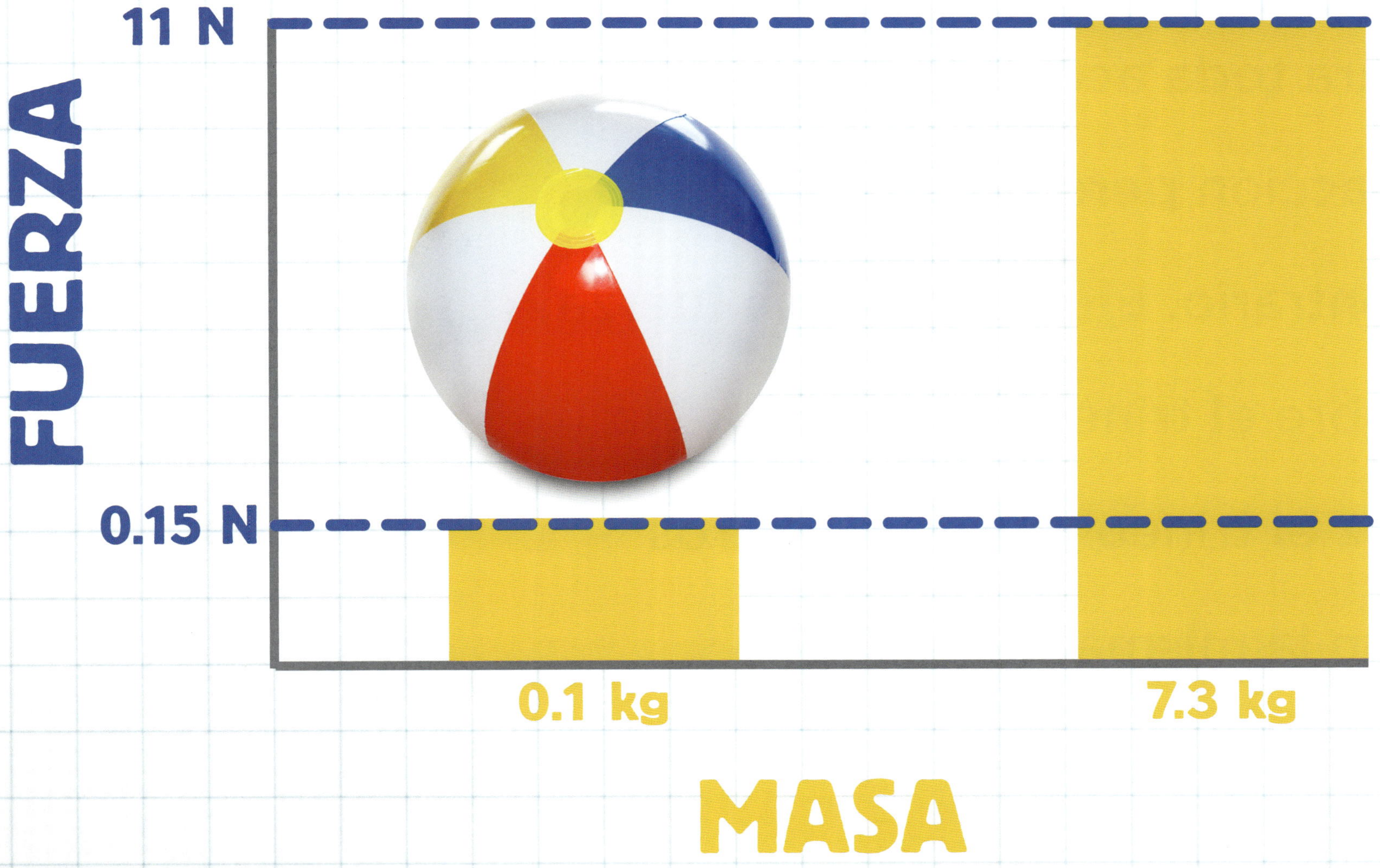

11 N

FUERZA

0.15 N

0.1 kg

7.3 kg

MASA

Tercera ley del movimiento

Para toda acción hay una reacción pero en sentido contrario. **Ejercemos** una fuerza sobre el trineo al jalarlo. Y a la vez el trineo jala de nosotros con la misma fuerza.

fuerza ejercida
por el trineo

fuerza ejercida
por el papá

fuerza ejercida
por el trineo
sobre la arena

fuerza ejercida
por la arena
sobre el trineo

fuerza ejercida
por la arena
sobre el papá

fuerza ejercida
por el papá
sobre la arena

La energía en movimiento

Cuando una fuerza mueve un objeto se llama trabajo. La energía es la capacidad de realizar trabajo. Hay dos tipos principales de energía en el movimiento.

100

La energía potencial es la energía que podría usarse para hacer trabajo. Antes de caer por la rampa, el patinador tiene energía potencial.

Cualquier objeto en movimiento capaz de generar trabajo tiene energía cinética. Un patinador bajando por una rampa tiene energía cinética.

¡A repasar!

- Un objeto está en movimiento cuando cambia de posición.
- Existen tres leyes principales del movimiento.
- Para que algo se mueva, es necesario que haya un empuje o un jalón. Estos empujes y jalones se llaman fuerzas.
- Cuando una fuerza mueve un objeto se está generando trabajo. Para poder generar trabajo debe haber una fuente de energía.

Glosario

aceleración - en física, grado al que la velocidad cambia en un periodo de tiempo, en referencia a la rapidez o la dirección.

ejercer - aplicar.

fricción - resistencia de una superficie.

masa - cantidad de materia que hay en los cuerpos. La masa no es lo mismo que el peso de los cuerpos.

velocidad - grado de movimiento.

Índice

¡Visita nuestra página **abdokids.com** y usa este código para tener acceso a juegos, manualidades, videos y mucho más!